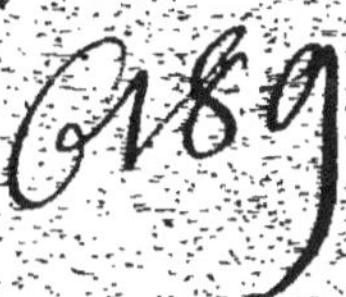

THÉORIE
DE L'ENSEIGNEMENT
DE LA LECTURE
MISE

A LA PORTÉE DE TOUT LE MONDE

PAR

H. GUILORY

INSTITUTEUR-ADJOINT A ARCUEIL-CACHAN (SEINE)

Auteur de la **Nouvelle Méthode de lecture** ramenant tous les mots de la langue française à *trois sortes de syllabes*, rendues sensibles par *trois couleurs*.

HONORÉE D'UNE MÉDAILLE

PRIX : 25 CENTIMES

PARIS

E. GEORGE, EDITEUR, 21, RUE DE LA VIEILLE-ESTRAPADE

ET CHEZ L'AUTEUR

1869

THÉORIE

DE L'ENSEIGNEMENT

DE LA LECTURE

MISE

A LA PORTÉE DE TOUT LE MONDE

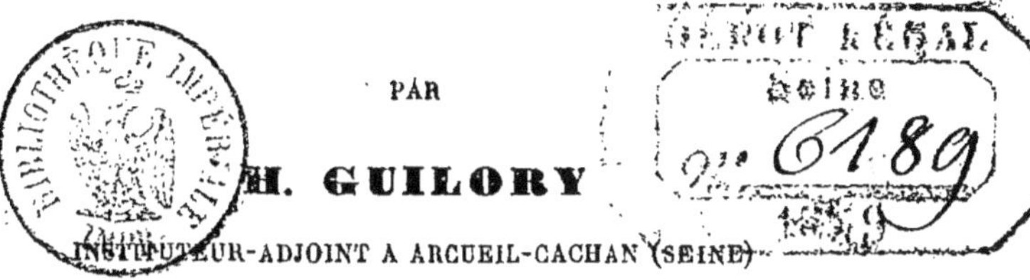

PAR

H. GUILORY

INSTITUTEUR-ADJOINT A ARCUEIL-CACHAN (SEINE)

Auteur de la **Nouvelle Méthode de lecture** ramenant tous les mots de la langue française à *trois sortes de syllabes*, rendues sensibles par *trois couleurs*.

HONORÉE D'UNE MÉDAILLE

PARIS

E. GEORGE, EDITEUR, 24, RUE DE LA VIEILLE-ESTRAPADE

ET CHEZ L'AUTEUR

1869

A M. PINET

INSPECTEUR DU DÉPARTEMENT DE LA SEINE.

MONSIEUR L'INSPECTEUR,

Je sais combien vous avez cherché, dans un but d'utilité publique, à faire connaître ma *Méthode de lecture*. Si elle est appelée à rendre quelques services, je ne le devrai qu'à vous, et je vous en exprime ici toute ma reconnaissance. . . . . Je serais très heureux si vous vouliez bien accepter la dédicace de ce petit livre, que je destine aux Instituteurs.

H. GUILORY,

Instituteur-Adjoint, à Arcueil-Cachan (Seine).

Je m'empresse de constater, dans l'intérêt de mes confrères les instituteurs, que la *Méthode de lecture* de M. Guilory, qui l'applique comme adjoint dans mon école, a un double avantage :

1° Elle plaît aux élèves qui sont attirés par l'emploi des couleurs et développe l'intelligence ;

2° Comme théorie, elle donne de la lecture une idée que l'on cherche en vain dans beaucoup d'autres méthodes, plutôt savantes que pratiques. Au point de vue de l'orthographe, elle obtient des résultats réels ; aussi, je n'hésite pas à laisser ma classe entière suivre de temps en temps, *au Tableau noir*, l'exercice fait aux petits élèves qui, de leur côté, se préparent sans fatigue à l'orthographe tout en lisant simplement. Le livre et les Tableaux de M. Guilory devraient se trouver dans les mains de tout instituteur, car ils sont appelés à rendre de véritables services au corps enseignant, qui cherche depuis longtemps une véritable méthode de lecture.

FRÉNEL,

Instituteur communal à Arcueil-Cachan (Seine).

A MES LECTEURS

L'accueil sympathique fait à la 2e édition de ma *Méthode de Lecture* m'engage à écrire cet opuscule, pour en propager l'application.

J'avoue que je croyais inutile de donner un nouvel ouvrage pour émettre mes idées sur l'enseignement de la lecture. Je ne pensais qu'aux élèves dont le progrès est le rêve de ma vie et que l'on tourmente trop. Je ne voulais pas donner une leçon aux maîtres que je regardais comme les miens. Je cède cependant aux instances faites par les personnes les plus compétentes et par des instituteurs qui trouvent aussi *neuves* que *peu connues* les données que j'explique et que je croyais très-répandues parmi ceux qui savent lire et qui sont chargés de l'apprendre aux autres.

Si la connaissance de la lecture se propage de plus en plus, la manière d'enseigner donnée par la plupart des méthodes est tellement vicieuse dans les unes et tellement nulle dans les autres qu'il n'y a rien d'étonnant que ceux qui apprennent arrivent difficilement.

Si *lire* est la chose la plus nécessaire, puisqu'elle est la première de toutes et la lumière sur le chemin de la science, c'est aussi la partie de l'enseignement, je ne dirai pas la plus négligée, mais la plus mal traitée comme théorie. Je vais m'efforcer de le prouver en comparant ma méthode aux autres méthodes : *du choc de la discussion jaillira la lumière.* Je ne veux blesser qui que ce soit, car ceux qui ont étudié cette question méritent toute notre sympathie; mais le désir d'être utile m'engage à écrire et à dire franchement ma pensée, après une étude longue et sérieuse.

Ceux que je contredis, sans nommer personne, seront, j'espère, convaincus. Et ceux qui m'ont engagé à écrire voudront bien m'aider de toute leur sympathie promise. Ce n'est pas de moi dont il s'agit, mais de nos générations d'enfants et même de nos adultes qui sont aujourd'hui l'objet de tant de sollicitudes de la part du Gouvernement dont le chef a affirmé hautement que : *Sur le sol du suffrage universel, tout homme doit savoir lire et écrire.*

Que l'on me permette de le dire, c'est sans prétention et dans l'intérêt même de la vérité, si beaucoup de personnes trouvent cet enseignement si difficile, c'est que sur cent qui veulent montrer, il n'y en a peut-être pas cinq qui savent *lire réellement*, c'est-à-dire qui connaissent le sentier à suivre. Elles lisent en aveugles et conduisent les autres en aveugles. Elles s'en rapportent à des méthodes; qu'elles s'en rapportent donc à elles-mêmes, et, qu'enfin, elles aient l'orgueil légitime de voir de leur propres yeux et non par les yeux d'autrui. Si nous devons veiller sur nos enfants, il n'est pas de partie plus noble que leur intelligence et nous devons chercher tous les moyens possibles pour savoir juger par nous-mêmes si ceux qui sont chargés de nous remplacer accomplissent bien leur haute mission, c'est-à-dire notre mission de père dont dépend l'avenir de la famille. Négliger ce devoir, c'est renoncer au plus beau côté de la paternité. C'est presque la renier.

Un grand tort de notre époque, la plaie et le déshonneur de la librairie, c'est de voir des auteurs de prospectus en faire, sans en croire un seul mot, par un vil intérêt et contre leur conscience. Ils craindraient souvent de mettre dans leur propre famille ce qu'ils vantent tant pour les autres, et nous les laisserions librement passer le seuil du foyer domestique?

Pour mon compte, j'ose répondre : *Jamais! coûte que coûte.* Pour penser ainsi, il suffit d'avoir des enfants qui donnent tant de peines à élever et qui doivent être la joie de la famille et de la société et non leur tourment, il suffit de sentir sa dignité d'homme et de la vouloir pour les autres. Obéissons, nous n'aurons rien à craindre auprès de cet arbre de la science du bien et du mal.

Il est certainement plus difficile de préparer un repas que d'en prendre sa part. Maîtres et parents qui le voulez et qui le cherchez consciencieusement, sachez donc préparer le repas scientifique de la lecture, mais sachez convier vos enfants à en prendre leur part d'une manière qui leur soit agréable et utile, et, pour cela, j'ose vous le dire dans l'intérêt de ces enfants qui vous sont chers : *Lisez-moi jusqu'au bout.*

Vous consacrerez bien quelques minutes pour résumer et apprendre ce qui m'a coûté, à moi, vingt-cinq ans de travaux et ce qui m'a engagé à étudier la typographie pour faire moi-même mon ouvrage comme je l'avais conçu. N'imitez pas ces personnes qui parviennent au milieu de l'obscurité au pays de la lecture, et qui, une fois *le jour venu*, ne savent plus par où passer pour y conduire les autres. *Marcher*, pas plus que *lire*, ne suffit pour conduire, il faut savoir la direction à suivre pour ne pas s'égarer ou n'arriver qu'avec des fatigues inouies. *En lecture*, c'est ce qui perd l'intelligence et le moral d'enfants trop jeunes pour suivre avec bonne volonté s'il n'y a que des obstacles. Tout l'avenir de nos éléves peut s'en ressentir, il y aurait ici bien des choses utiles à dire.

Il ne suffit pas d'annoncer un livre avec un titre attirant, des prospectus qui promettent plus qu'ils ne tiennent et qui sacrifient l'intelligence à un intérêt particulier. On résistera toujours à l'introduction des méthodes mauvaises; on est trompé une fois, mais pas deux. Une bonne méthode arrivera à se répandre, peut-être difficilement, parce qu'il faut vaincre la routine et des intérêts particuliers, parce qu'il faut convaincre; mais, la vérité se fera jour et la vérité sera acceptée.

Toutes ces méthodes *qui naissent et qui meurent avant d'avoir vécu*, prouvent que l'on en cherche encore *une bonne*. Les hommes véritablement sérieux et consciencieux ne demanderont pas mieux que de dire : *J'ai trouvé.*

H. GUILORY,
Instituteur-adjoint.

ENSEIGNEMENT

DE LA LECTURE

PAR MA MÉTHODE

Soit une école composée de cent élèves, ne sachant absolument rien, même pas le nom des lettres (1).

Je commence d'abord par les initier tous ensemble et avant tout aux questions suivantes qui sont indispensables. Je fais la question et j'y réponds, les élèves y répondent comme moi. J'ai soin d'éviter tout détail superflu et inutile; c'est purement une affaire de mémoire d'abord. J'explique après et en son lieu.

Au bout d'un mois, une classe entière peut répondre parfaitement et la lumière se fait. Ceux qui apprennent mieux, conduisent les autres; les plus petits et les nouveaux venus apprennent en entendant redire tous les jours la même chose pendant quelques minutes.

Sur les 150 enfants de notre école d'Arcueil, il n'y en a pas dix qui ne puissent répondre comme il suit :

D. Pour écrire des mots que faut-il?

R. Des lettres.

(1) Dans la famille, il faut faire la même chose pour un élève; le nombre des élèves n'y fait rien.

D. Combien y a-t-il de lettres en Français?
R. Vingt-cinq.
D. Combien de voyelles?
R. Six.
D. Combien de consonnes?
R. Dix-neuf.
D. Pour lire un mot que faut-il faire?
R. Le couper en syllabes.
D. Qu'est-ce qu'une syllabe?
R. Une partie de mot qui se lit toute seule.
D. Pour couper un mot en syllabes, quelles lettres faut-il lire d'abord?
R. Les voyelles.
D. Ensuite où faut-il regarder?
R. A gauche, c'est-à-dire avant les voyelles.
D. Que trouvez-vous à la gauche des voyelles?
R. Les consonnes.
D. Qu'est-ce qu'une consonne?
R. Une lettre qui sonne, c'est-à-dire qui frappe sur la voyelle ou les voyelles qui suivent.
D. Dans la plupart des cas où les voyelles et les consonnes seules ne suffisent pas pour former les syllabes, quelles sont les lettres qui les doublent le plus souvent?
R. L. R. M. N.
D. A quoi servent les lettres que vous ne lisez pas?
R. A l'orthographe, pour écrire comme tout le monde.
D. Quand il se rencontre de suite dans un mot deux lettres semblables, que faut-il faire?
R. Ne pas lire la première.
D. Si c'est un E muet qui précède deux lettres semblables, que faut-il faire?
R. Considérer la lettre E comme portant un accent (1).

Je répète ces questions tous les jours avant de commencer, afin de les faire apprendre par cœur.

Il y a bien des personnes qui ne voient dans ma méthode que les trois couleurs. Il est vrai que les trois couleurs servent beaucoup aux élèves, c'est pour ainsi dire l'image sen-

(1) Il est bon d'étudier mon petit livre de lecture pour en comprendre tout l'ensemble; si je donne le moyen de s'en servir, il est nécessaire de le connaître parfaitement pour en tirer parti.

sible et coloriée des mots dont l'élève comprend mieux la combinaison, mais cela posé, je m'empresse de faire remarquer, que les couleurs sont principalement pour l'élève. Le maître doit y voir autre chose, beaucoup plus important que les couleurs elles-mêmes, je veux parler de la classification des mots en trois sortes de syllabes.

En regardant les mots avec attention, il est facile de voir qu'il n'y a et qu'il ne peut y avoir, partout sans exception, que trois sortes de syllabes qui font trois divisions bien simples et bien graduées dans l'enseignement de la lecture :

1° Les syllabes de deux lettres au plus basées sur le *ba*, *be*, *bi*, *bo*, *bu* ;

2° Les syllabes de plus de deux lettres se prononçant toutes ;

3° Les syllabes ayant des lettres nulles pour la lecture et utiles seulement pour compléter l'orthographe des mots.

Je défie l'homme le plus difficile de trouver dans la langue française un seul mot qui ne puisse être classé dans l'une ou l'autre sorte de ces syllabes.

Si dans les tranches des nombres, il y a trois parties bien distinctes, savoir : *unités*, *dizaines*, *centaines ;* dans les syllabes ou tranches de mots, il peut y avoir aussi trois parties bien distinctes, c'est-à-dire *consonnes* ou modifications de sons ; *voyelles* ou sons et *lettres* pour compléter l'orthographe du mot.

Une différence seulement existe. Dans les tranches de chiffres, il faut nécessairement les trois parties, ne serait-ce qu'en zéros, excepté pour la dernière tranche à gauche, tandis que dans les syllabes ou tranches de mots, les trois parties peuvent ne pas être toujours réunies, sans rien changer à la valeur des lettres. Chacun sait qu'un élève qui sait lire trois chiffres et donner à chaque tranche son nom, sait lire les noms de nombres ; de même, un élève qui sait former les syllabes et les lire une à une, sait lire aussi les noms de mots, c'est pourquoi j'insiste sur la coupe en syllabes, car là est toute la difficulté de la lecture, et non dans ces détails inutiles dont certains auteurs surchargent leur méthode, et que l'élève verra en avançant aussi facilement que l'obstacle sur le chemin ordinaire.

Ce rapprochement entre les noms de nombres et les autres

noms me fait aussi faire les questions suivantes qui servent à deux fins, pour l'arithmétique et pour la lecture.

D. Pour écrire des nombres, que faut-il ?

R. Des chiffres.

D. Pour lire un nom de nombre, que faut-il faire ?

R. Le couper en tranches.

D. Que trouvez-vous dans chaque tranche ?

R. Toujours, *unités*, *dizaines*, *centaines*, excepté dans la dernière tranche à gauche.

D. Que trouvez-vous dans chaque syllabe ou tranche de mots ?

R. Des consonnes, des voyelles et les lettres complétant l'orthographe, mais pas toujours les trois ensemble dans n'importe quelle syllabe.

La mémoire, et ce n'est pas ce qui manque chez les élèves, me sert beaucoup dans mes leçons de lecture. Il est bien entendu que voulant faire répéter mes questions chaque jour avant de commencer la leçon, je ne force rien ; je n'insiste pas ; je ne fatigue pas. Ce qui n'est pas appris un jour, l'est le lendemain.

Dès le premier jour, je fais réciter aussi par cœur les vingt-cinq lettres de l'alphabet depuis A jusqu'à Z (1). Je fais répéter cet exercice autant de jours qu'il le faut pour faire apprendre le nom des lettres par cœur ; je passe aussi dès le premier jour au tableau, et je divise les élèves par groupes.

Les élèves qui savent bientôt par cœur sont plus familiarisés avec le nom des lettres et ils suivent mieux. J'ai soin de leur dire que les voyelles sont *bleues*, et les consonnes *rouges*. Bientôt je fais lire tantôt les lettres bleues seules, tantôt les rouges. J'ai même soin de poser ma baguette sous quelques lettres *rouges* si je fais lire des *bleues*, et *vice-versâ*. J'accoutume les élèves à ne rien dire si je les trompe ou à répondre simplement *non*, ce qui les amuse beaucoup, excite leur attention et me signale les étourdis ou ceux qui ne suivent pas.

J'ai remarqué que ce moyen développe l'intelligence des enfants pour leur faire distinguer *voyelles* et *consonnes*.

Il est extraordinaire, soit dit en passant, de voir des élèves

(1) Je donne aux lettres les noms anciens a, bé, cé, dé, e, etc. (Voir plus loin, 2e partie, pourquoi.)

lisant déjà ne pas savoir ce que c'est qu'une voyelle et une consonne. C'est pour cela qu'ils n'ont aucune idée de la combinaison des mots, pourtant si simple à saisir, et c'est pour cela qu'ils lisent sans savoir l'orthographe. Le contraire arrive par ma méthode.

J'ai remarqué aussi, et je n'y manque jamais, que la leçon au *tableau noir* est très-importante, j'écris toujours pendant quelques minutes des exercices sur la leçon du jour. Les exercices au tableau sont suivis par tous les élèves. On peut faire la même chose, sur l'ardoise dans la famille.

En dehors de l'avantage pour la lecture, c'est une excellente préparation à l'écriture et à la lecture des manuscrits.

Combien d'élèves, lisant même bien dans des livres qu'ils savent trop par cœur, sont incapables de lire une lettre dans leur famille.

S'il en arrive ainsi, quelle idée voulez-vous qu'ils aient de notre enseignement, ces parents incapables et souffrant de leur ignorance pour le pain de chaque jour, et pour qui *lire* et *écrire* est le *nec plus ultra* de la science, et, en réalité, la première et la plus importante des études; c'est la *vue de l'intelligence*, dont toutes les facultés restent comme aveuglées et paralysées sans cette première connaissance utile au riche comme au pauvre, au savant comme à l'ignorant. La *lecture* est à l'intelligence ce que les *yeux* sont au corps. Quel est l'aveugle qui trouve réellement avantageux de ne pas *voir ?*

Quand les élèves connaissent les lettres dans leur ordre naturel, je les prends au hasard. Puis, sur la partie noire, je les exerce à distinguer voyelles et consonnes (Voir 1re et 2e leçon du livre. — 1er tableau des classes).

La connaissance des lettres étant acquise et même un peu avant, j'initie encore les élèves au ba, be, bi, bo, bu, en le faisant répéter par tous les élèves ensemble mais toujours sans épeler (Voir 3e leçon ou 2e tableau des classes).

Je passe aussi de l'exercice de mémoire à l'exercice sur le tableau en couleur. Exercice également au tableau noir.

PREMIÈRE SORTE DE SYLLABES

Une fois la connaissance du ba, be, bi, bo, bu acquise, je le fais lire dans tous les sens, en ayant soin de former des mots de la première sorte de syllabes jusqu'à la 6e leçon de mon livre pour ne pas dérouter les élèves. Il est clair qu'une fois dans un chemin, s'il ne s'agit plus que d'aller tout droit, le plus fort est fait. Exemple :

D O M I C I L E

Je fais réciter la ligne D du ba, be, bi, bo, bu, où les élèves trouvent *do;* 2° la ligne M où ils trouvent *mi;* 3° la ligne C où ils trouvent *ci;* 4° la ligne L où ils trouvent *le.*

Je leur fais voir que ce mot n'est pas autre chose et que quiconque connaît bien cette importante leçon peut lire tous les mots renfermant la 1re sorte de syllabes; que le nombre n'y fait rien. Dans les six premières leçons, on peut trouver beaucoup d'exemples et en choisir d'autres même dans un dictionnaire pour les écrire sur le tableau noir.

C'est pour moi la première occasion de leur rappeler les questions suivantes :

D. Dans Domicile, quelles sont les voyelles?

R. O, I, I, E.

D. Quelles sont les consonnes?

R. D, M, C, L.

C'est aussi le lieu d'indiquer un autre exercice que je fais exécuter. Soit notre mot Domicile. Je fais, comme il est dit plus haut, réciter les lignes du *ba, be, bi, bo, bu* où se trouvent les syllabes demandées, et j'accoutume les élèves à s'arrêter à la syllabe du mot donné. Exemple : Da, de, dé, dè, dê, di, *do.*

Si quelques étourdis continuent, les autres savent bien les arrêter et les signaler. L'intelligence se développe beaucoup par cet exercice qui soutient l'attention sans contrainte, de cette manière je fais ma classe à mes 150 élèves, sans fatigue et presque sans dire un mot, aussi bien pour la lecture que pour l'orthographe. Je fais la même chose pour les 2e, 3e et 4e syllabes.

Ma, me, mé, mè, mê, *mi*.
Ca, ce, cé, cè, cê, *ci*.
La, *le*.
A la fin de ces quatre lignes, ils trouvent leur mot:
Do mi ci le.

J'adresse aussi alors les questions suivantes :

D. Combien les lettres ont-elles de noms en Français?

R. Deux. Leur nom comme lettres et leur nom comme syllabes.

D. Quel est le nom de la première consonne de notre mot dans l'alphabet?

R. Dé (1).

D. Quel est son nom comme syllabe dans le mot domicile?

R. Do.

D. Quel est le nom de la 2e consonne?

R. Ème.

D. Et dans notre mot?

R. Mi.

Et de même pour les autres lettres.

Un maître zélé trouvera dans son expérience tous ces moyens que la réflexion et le désir d'arriver me font inventer tous les jours dans la pratique. Qu'il ne marche pas au hasard; qu'il réfléchisse, qu'il cherche à se mettre à la portée de l'intelligence des plus petits. Ces moyens bien simples et d'autres encore naîtront d'eux-mêmes. Les élèves feront des remarques quelquefois si justes, que les petites ruses viendront varier chaque jour la monotonie de la leçon (2).

(1) Les partisans des noms nouveaux peuvent faire répondre *de*. Ne nous fâchons pas pour cela. (Voir pourquoi, 2e partie.)

(2) Un jour, j'expliquais que les voyelles font parler les consonnes. Dans l'alphabet, disais-je, il n'y a que 6 voyelles et 19 consonnes; dans une classe, au contraire, il n'y a pas tant de consonnes que de voyelles. Un enfant, à peine âgé de six ans, se lève tout à coup, et dit, au grand plaisir de ses camarades : pour moi, monsieur, *je suis une voyelle*, et il avait bien raison. Avait-il compris cet enfant? Si bien compris qu'il a pris goût à la leçon, et qu'il lit au tableau noir les premiers mots venus, en désignant les voyelles, les consonnes les lettres pour l'orthographe et le nombre des syllabes. Il n'écrit cependant que sur l'ardoise.

Il ne suffit pas de voir les mots, il faut les faire voir, c'est-à-dire en donner *l'idée*, puisque c'est le sens en grec du mot *voir*.

J'ai remarqué que bien des enfants étaient étonnés de trouver tant de mots dans le *ba*, *be*, *bi*, *bo*, *bu*. On reconnaîtra, comme moi, que c'est un pas immense fait dans le sentier de la lecture et un moyen bien simple pour exciter les enfants à chercher à faire des mots.

Je distingue sur le tableau noir les consonnes (lettres rouges) par deux petits traits placés dessous (=); les voyelles (lettres bleues) par un trait (—); les lettres noires (lettres utiles pour compléter l'orthographe du mot) par un zéro (0). J'accoutume les élèves à souligner ce que j'écris, et à l'écrire et le souligner dès que c'est possible. Ils aiment beaucoup à aller au tableau prendre la craie. Ils ne pardonnent pas à l'élève qui se trompe en soulignant, chacun lève la main pour réparer l'étourderie.

Afin d'initier les élèves à lire comme nous parlons et non comme nous écrivons, ce qui est très-important pour diminuer les difficultés et ramener la lecture à sa valeur réelle, j'ai placé, à la fin du 3e tableau des classes, des exemples de mots contenant des syllabes de la 1re sorte, mais qui deviennent de la 3e sorte, parce qu'elles renferment des lettres nulles pour la lecture et utiles pour l'orthographe. Je commence à faire saisir ces syllabes simples pour progresser un peu. J'agis toujours comme il est dit plus haut. Exemple :

RACCOMMODAGES.

Je fais lire : 1° la ligne R du ba, be, bi, bo, bu, où l'on trouve *ra;* 2° la ligne C, où l'on trouve *co;* 3° la ligne M, où l'on trouve *mo;* 4° la ligne D, où l'on trouve *da;* 5° la ligne G, où l'on trouve *ge*.

Puis je dis :
D. Quelles sont les voyelles?
R. A, O, O, A, E.
D. Quelles sont véritablement les consonnes?
R. R, C, M, D, G.
D. Quelles sont les lettres que vous ne lisez pas?
R. C, M, S.

D. A quoi servent ces lettres?

R. A l'orthographe.

Il est facile de varier ces mots et d'en avoir dont le sens expliqué est une bonne leçon donnée à propos à l'enfance.

Si les élèves prononcent la syllabe *ge* comme dans *prodigue* et non comme dans *prodige*, je leur demande, pour toute explication, si l'on dit *pague* ou *page*. De même s'ils disent *sa* pour *ca* et *que* pour *se*, si l'on dit : Un *samarade* ou un *camarade*, la *faque* ou la *face*. On me répond, on rit même quelquefois, et je suis compris.

DEUXIÈME SORTE DE SYLLABES

A la leçon 7e de mon livre et au 4e tableau des classes, j'attaque la 2e sorte de syllabes, c'est-à-dire les syllabes composées de *trois lettres au moins se prononçant toutes*. Ce 4e tableau répond aussi à la 3e sorte de syllabes qui est à la 2e ce qu'est la fin du 3e tableau à la 1re sorte comme on l'a vu.

Peu importe à l'élève le *pourquoi* de l'orthographe jusqu'à nouvel ordre, pourvu qu'il lise. Toutefois j'insiste sur la 2e sorte de syllabes, comme il est dit, leçons 7 à 16 du petit livre inclusivement. Dans les mots choisis pour exemple, je n'écarte plus la 1re sorte de syllabes, puisqu'elle est connue, et je fais voir que la 2e sorte se coupe de la même manière, si l'on tient compte des quatre lettres LR et MN comme doublure au besoin.

Toute personne qui sait lire n'a qu'à lire ces mots, comme elle les lit, mais sans épeler tout d'abord. Car, soit dit en passant, je lis comme tout le monde, mais ce qui est difficile, c'est de faire voir à l'enfant qui ne lit pas, lui. Cependant cela deviendra facile si l'on veut progresser, comme il est dit pour l'étude de la 1re sorte de syllabes. Jusqu'à présent, je n'ai fait réciter que le ba, be, bi, bo, bu simple (v. 2e tableau et 3e leçon du livre), afin de bien faire comprendre que les consonnes se trouvent à gauche des sons, et d'apprendre ainsi la coupe régulière des syllabes.

Le moment est venu d'insister davantage sur les questions préliminaires répétées chaque jour et que les élèves doivent savoir par cœur, et de confier à la mémoire une espèce de ba, be, bi, bo, bu plus complet, c'est-à-dire où les consonnes ne seront plus seules, et d'y joindre déjà comme préparation les quatre sons.

An, in, on, un.
Am, im, om, um.

Je fais donc réciter par cœur les voyelles seules et les 4 sons avec le B comme suit :

Ba, be, bé, bè, bê, bi, bo, bu, ban, bin, bon, bun.

Puis je prends (leçon 7 et 4e tableau des classes Bl et Br) que j'appelle *Ble* et *Bre*, et je fais dire :

Bla, ble, blé, blè, blê, bli, blo, blu, blan, blin, blon, blun.
Bra, bre, bré, brè, brê, bri, bro, bru, bran, brin, bron, brun.

Ainsi de suite pour les 27 combinaisons de consonnes, j'insiste sur les plus usitées et je passe légèrement sur plusieurs, comme *gm* par exemple.

Pour ne pas dépasser les limites de ce nouvel exercice sur le ba, be, bi, bo bu, et conduire toujours les élèves de la même manière, s'il se rencontre, dans un mot, un son composé de plusieurs voyelles, et en dehors de ce qu'ils récitent par cœur, j'accoutume les élèves à s'arrêter à la première voyelle du son, et je leur demande alors, que faut-il dire?

Exemple : *Bienfaiteur.*

Je fais réciter la ligne du B, où se trouve *bi*, et je demande alors, faut-il dire *bi* ou *bien ?* la ligne F, où se trouve *fa*, pour obtenir encore *fai* et non *fa ;* la ligne T, où se trouve *te*, pour leur faire dire *teur*. On comprendra parfaitement l'utilité de cet exercice pour obtenir la coupe de tous les mots possibles et en faire saisir le rapprochement. S'il se trouve également des lettres nulles pour la lecture, comme *s* dans poules, je dis : faut-il prononcer *lè* ou *le ?* et, comme conséquence pratique, j'accoutume les élèves à dire : *les*, *mes*, *tes*, *ces*, *des*, etc.; comme *lè*, *mè*, *tè*, *cè*, *dè*, quand ces syllables et d'autres semblables forment des mots d'une syllabe, et à prononcer, au contraire, *le*, *me*, *te*, *ce*, *de*, etc., quand ces syllabes terminent des mots de plusieurs syllabes. Dans les cas difficiles, j'ai toujours soin de demander aux élèves, comment prononcez-vous en parlant ? Quand on pense qu'il n'y a que six voyelles pour former vingt-quatre combinaisons, écrites de cinquante-huit manières en français, et qu'à l'aide des quatre lettres L, R, M et N on obtient presque toutes les combinaisons qu'il faut pour lire, *tous les mots se rapprochent tellement* qu'il n'y a rien d'étonnant que les élèves aillent vite et comprennent parfaitement.

Il ne faut pas oublier que les 4 lettres L, R, M, N jouent un double rôle dans notre langue. Outre leur rôle de simples consonnes jamais doublées par d'autres lettres en lecture, elles doublent au contraire presque toujours nos consonnes et nos voyelles. C'est une étude fort curieuse à faire et que les enfants saisissent bien. De là dépend presque la coupe de tous les mots. Ces 4 lettres ne doublent les voyelles toutefois que lorsqu'elles sont suivies immédiatement de consonnes. Ainsi *An* existe dans s*an*té et n'existe plus dans u-na-ni-me. *On* existe dans m*on*de, et n'existe plus dans mo-no-po-le. De même *Al* existe dans c*al*me et n'existe plus dans a-lar-me, tandis que *Ar* reste dans a-l*ar*-me et disparaît dans Pa-ris. La seule raison que j'en donne aux enfants, c'est de voir si après se trouve oui ou non une voyelle. Les leçons 7 à 16 fourniront beaucoup d'exemples.

Voici une question que je fais souvent aux élèves. Soit le mot *u-na-ni-me*, qui peut servir parfaitement.

D. Pourquoi ne dites-vous pas *un an im e*?

R. Parce que *n* sonne sur *a*; *n* sur *i*; *m* sur *e*.

Il n'y a plus de danger à faire lire les sons composés, et l'élève qui lira co-lon, saura pourquoi on lit co-lo-nie.

C'est même pour cette raison que j'évite de faire lire le ba, be, bi, bo, bu, renversé, autrement dire ab, eb, ib, ob, ub. Ces combinaisons sont rares. L'élève les voit bientôt de lui-même et la marche est toujours uniforme. Il n'est nécessaire d'insister que sur les 4 lettres L R et M N (voir 13e et 14e leçons du livre, 4e tableau des classes).

TROISIÈME SORTE DE SYLLABES

Si jusqu'à présent j'ai cherché à exciter l'attention des élèves par des mots qui leur plaisent autant que possible, il m'est facile maintenant de donner tous les mots et d'augmenter l'intérêt.

C'est le lieu d'examiner comment les mots sont réellement composés en français.

D'abord, à l'aide des 19 consonnes sonnant sur les 6 voyelles, on a formé les syllabes du ba, be, bi, bo, bu. Ces combinaisons ne suffisant pas pour répondre à tous les besoins, on a combiné entre elles les voyelles pour former de nouveaux sons qui font également sonner les consonnes à leur gauche. Pour avoir de nouvelles combinaisons également utiles, on a eu recours aux 4 lettres L R et M N dont on a doublé voyelles et consonnes. Ces 4 lettres n'en jouent pas moins leur rôle de consonnes ; mais avec cette particularité remarquable qu'elles ne sont jamais suivies d'une autre consonne pour *sonner avec elle* sur ces voyelles, ainsi si l'on trouve *br* comme dans bras, branche, bruit, on ne trouve jamais *rb*, *lb*, la syllabe se coupe alors entre ces deux lettres, comme dans ar-bre, al-bum. Si l'on trouve *tr* comme dans travail, troupe, on ne trouve pas *rt*, exemple ar-ti-cle. Cette remarque très-importante et qui peut donner lieu à des considérations très-curieuses, se résume pour les élèves en ces quelques mots, qu'il faut toujours lire ces 4 lettres avec les voyelles qui les suivent, et que, s'il n'y a pas de voyelle après, il y en a toujours une avant, alors ces consonnes appartiennent dans ce cas à la voyelle qui les précède. Ces 4 lettres sont inséparables des voyelles, si ce n'est pour des raisons d'orthographe que l'usage apprendra aux enfants sachant déjà lire, si l'on progresse dans l'ordre que j'indique, et si l'on a soin de s'adresser à l'intelligence pour faire comprendre le sens et la prononciation des mots comme la parole parlée.

Arrivé à cette 3e sorte de syllabes, c'est-à-dire à celle qui a des lettres utiles pour l'orthographe et nulles pour la lecture, je puis prendre comme exemples au tableau noir tous les mots même des noms d'élèves. Je figure quelquefois de petites lettres écrites aux parents d'enfants sages ou dissipés, ces lettres piquent la curiosité, excitent l'attention, et en complétant l'enseignement de la lecture, elles initient à la lecture des manuscrits, et à la connaissance de l'orthographe; je fais même faire aux élèves plus avancés des dictées conformes à ma théorie et soulignées comme il est dit. Au tableau noir j'explique les règles de grammaire aux plus avancés, tout en faisant lire les mêmes phrases aux plus petits. J'ai soin de souligner et de faire souligner les élèves sur leurs cahiers. Pour ne trouver toujours au plus que les 3 parties constitutives de ma syllabe, je souligne d'un même trait double les consonnes qui sonnent ensemble sur les voyelles; d'un même trait simple les voyelles et même les consonnes qui les aident à faire sonner les *autres consonnes à gauche*, et je place des zéros sous chaque lettre employée pour l'orthographe. Je donne aux élèves des devoirs à copier dans un livre quelconque et à souligner chez eux.

Exemple :

Em BR*an* CH*e* M*en*ts.

Je dis aux élèves : dans ce mot, qu'est-ce qui sonne,

Em *an* *e* *en*;

qu'est-ce qui est consonne,

br *ch* *m*;

qu'est-ce qui est pour l'orthographe ,

t, *s*.

Le ba be bi bo bu ne s'oublie pas plus que *marcher*. Or, s toutes les villes d'un pays se ressemblaient, celui qui saurait en parcourir une ne serait pas étranger dans les autres. Tous les livres d'une même langue se ressemblent, celui qui sait en lire un, sait trouver la direction dans tous les autres.

Inutile d'insister davantage.

Dans une dictée et dans le premier livre venu, je fais continuellement ces questions, si l'élève est embarrassé pour lire, et la lumière se fait bientôt d'une manière complète.

Les maîtres peuvent tirer un très-grand avantage de cette manière d'enseigner, qui développe l'intelligence et qui simplifiera leur tâche, souvent si ingrate, si pénible, et à laquelle ils doivent néanmoins consacrer tous les instants d'une carrière aussi utile qu'honorable. Tout homme sérieux y verra le point de départ de toute étude vraie et l'avenir du pays, car ces connaissances utiles, indispensables, sont le véritable progrès et la lumière sur le chemin de la science. J'aurai atteint mon but si j'ai été compris, et si ma plume non exercée a pu rendre mes idées, je ne dirai pas d'une manière élégante, élevée, au moins de manière à mettre un peu de lumière dans une question aussi pratique, aussi utile que l'est la connaissance de la lecture.

Etre utile, c'est ce que j'ambitionne; vouloir paraître savant, ce n'est pas le moyen de l'être réellement, je n'y ai nullement pensé, et c'est même pour cela que je n'ai cherché qu'à être utile. J'espère que l'on voudra bien, en faveur de la première de toutes les questions, me pardonner le reste. J'ai voulu dire ce que je sais, si non en français élevé, du moins en français qui part du cœur. C'est le plus vrai, et celui que je veux et voudrais faire parler avant tout et par-dessus tout. Il conduirait plus facilement à l'autre, et porterait peut-être le nom de notre France bien loin encore. Que la science vienne de droite ou de gauche, d'un savant ou d'un ignorant, elle n'en est pas moins *la science*, si elle est la vérité. Ne voit-on pas chaque jour des hommes illustres demander le chemin au premier venu, et s'en rapporter à lui? C'est tout ce que je désire. Lisez d'abord, pour voir si vous devez me croire. Si je vous trompe, je le ferai au moins ouvertement, car je signe:

H. GUILORY,
Instituteur-adjoint, à Arcueil-Cachau (Seine).

DES MÉTHODES EN GÉNÉRAL

Dans cette deuxième partie, je veux parler de l'enseignement de la lecture par les méthodes les plus en vogue. J'ai eu l'occasion d'examiner la question avec des auteurs sérieux, qui me faisaient remarquer quelques parties de leur travail, dont ils semblaient être fort contents. Il n'y avait pourtant pas de quoi les réjouir beaucoup.

Pour ne pas me lancer dans des réfutations trop longues et superflues, pour n'attaquer personne en particulier, pour ne blesser personne, je me contente de dire d'abord que tant qu'une théorie est basée sur un principe faux, les conséquences ne peuvent être que fausses et erronées. Or, je laisse aux différents auteurs, en me lisant, le soin de convenir, s'ils sont dans le vrai ou dans le faux. Mais tant que l'on ne s'appliquera pas à donner à l'enseignement de la lecture une marche régulière, tant que les élèves avanceront au milieu d'études plutôt scientifiques qu'utiles, leur intelligence et leurs progrès en souffriront. S'il est facile de marcher sur une route droite et bien entretenue, il est pénible et surtout impossible d'aller vite en la créant à mesure.

Bien des méthodes avancent *comme à la découverte dans un pays inconnu*. On dirait que les auteurs étudient des hiéroglyphes qu'il faut deviner. Est-ce que la parole imprimée n'est pas la parole de tous? Quiconque *sait parler*, *sait lire naturellement*, même avant d'avoir appris; il ne faut plus que *voir* pour *lire*, et trop souvent nos élèves *regardent* des livres mais *ne les voient pas*.

Les auteurs signalent beaucoup, et même beaucoup trop,

de bonnes choses qui ne devraient être étudiées qu'après l'enseignement de la lecture et pour l'orthographe seulement. C'est un contre-sens que je n'ai jamais pu comprendre. On signale en lecture des choses qui n'appartiennent qu'à la grammaire, et l'on met dans des méthodes pour l'orthographe ce que l'enfant devrait savoir pour lire.

Aussi, nos méthodes manquent d'ensemble, et d'à-propos surtout. C'est *La lanterne magique* de la fable : on y trouve tout, excepté la lumière. C'est encore *Le lièvre et la tortue* : on va à droite, on va à gauche, mais on n'avance pas, ou l'on arrive trop tard ; ce qui me suggère aussi cette autre pensée : *On ne dort pas quand on a tant d'esprit*, et nos enfants ont besoin de dormir ; nos adultes, fatigués par des travaux pénibles, ont besoin de repos ; on doit les ménager, c'est le plus sûr, et surtout ne pas faire exécuter à leur intelligence de vrais tours de force, qui n'en seraient plus dans un moment inopportun. Si l'enfant, dans un âge trop tendre, lève avec peine certains fardeaux, ce ne sera plus rien une fois la force venue.

Des auteurs, par exemple, se contentent de diviser les mots en syllabes, mais pas un ne dit comment il faut les diviser, ce qui est cependant le plus important et aussi facile à dire qu'à saisir pour les plus jeunes enfants. Pour moi, j'affirme, par expérience, qu'une fois que l'élève sait couper les mots en syllabes et qu'il joint à cela la connaissance de l'alphabet et du ba-be-bi-bo-bu simple et composé, *il a fait le principal, il sait lire*, s'il veut bien faire usage de ses deux yeux et de son intelligence pour comprendre ce qu'il lit et *le dire comme il le parlerait.*

Ce qui m'encourage beaucoup à continuer ma tâche, c'est que j'ai vu des élèves arrivés à la connaissance de mes quatre tableaux, se lancer dans la lecture du premier livre venu, rien qu'en voyant ces tableaux imprimés en couleurs et qui sont *une leçon affichée, continuelle et vivante dans une classe.*

Soit dit, en passant, et sous peine de paraître donner un conseil intéressé, mes quatre tableaux ne seraient pas déplacés à côté d'autres méthodes et tout instituteur devrait les avoir avec un exemplaire de mon livre et cet opuscule qui peut s'appeler le *Livre du maître.* On n'a pas besoin de tout dire à l'élève pour laisser au moins au maître le moyen de conserver sa dignité comme savoir.

Un autre tort très-sérieux des méthodes, c'est de faire lire des monosyllabes, puis des polysyllabes. Cette marche est fausse, puisque beaucoup de mots d'une syllabe sont plus difficiles à lire que des mots de quatre et cinq syllabes, et que presque tous les mots d'une syllabe ne se coupent plus de la même manière, s'ils entrent dans la composition de mots de plusieurs syllabes.

Enfin, d'autres auteurs fatiguent trop l'intelligence des élèves en leur faisant sonner à l'oreille les mots *articulations*, *sons équivalents*, *consonnes variables*, *diphthongues*, etc, etc. Cela prouve aux élèves la science du maître, mais pour eux, ils sont aussi avancés que si on leur parlait *grec* et *latin*.

Des auteurs font aussi une grave affaire du nom à donner aux lettres. Les uns croient tout perdu, si l'on se sert *des anciens noms;* les autres croient tout sauvé si l'on préfère *les noms nouveaux*. Là n'est pas le mal, parce que là encore une fois n'est pas la question. Je préfère, pour mon compte, *les noms anciens*, parce qu'ils distinguent mieux les lettres entre elles, et parce que je ne fais pas épeler tout d'abord, mais le résultat sera le même pour la lecture, sinon pour l'orthographe, si l'on se sert des noms nouveaux, *en suivant ma théorie.*

Une autre grave question préoccupe trop aussi les savants. *Faut-il oui ou non faire épeler?* Pour moi, je ne fais épeler qu'en second lieu, parce que l'épellation n'est que la preuve de l'opération de la lecture, et en lecture, comme en arithmétique, on ne peut pas faire une preuve avant que l'opération ne soit faite.

L'orthographe, en français, est si différente de la lecture des mots que, *faire épeler avant*, c'est surcharger l'intelligence de combinaisons différentes comme orthographe et semblables comme lecture.

L'élève qui ne sait pas lire, a une peine infinie à conclure que beaucoup de combinaisons différentes font la même chose, il s'y perd, dans les mots les plus simples, aussi bien que dans ces mots qui semblent si singuliers comme prononciation et qui ne valent pas seulement la peine de s'arrêter par mon système, bien qu'ils préoccupent tant certains auteurs, qui ne pensent qu'aux accessoires pour négliger le principal. L'élève doit voir pourquoi il coupe de différentes manières les mêmes lettres dans certains mots, mais ce n'est pas à l'épellation qu'il le doit, il trouve la solution dans le moyen de couper les mots en syllabes.

Arrivée à l'orthographe et comme preuve de l'emploi des lettres qu'un maître ne peut constater sur tous les cahiers et même sur tous les livres ensemble, l'épellation est nécessaire, mais n'oublions pas qu'*il ne s'agit plus de lecture*, *les élèves savent lire* et les partisans des noms nouveaux les abandonnent souvent eux-mêmes. A quoi sert donc de se donner tant de peine, pour être obligé de détruire tout-à-coup, ce qui a eu le triste avantage de fatiguer seulement le jugement au début?

En un mot, toutes ces discussions sont la fable du malade qui meurt entre les mains du *médecin Tant pis* et du *médecin Tant-mieux*. L'enseignement ne sera réellement à sa hauteur que lorsque cesseront ces discussions qui laissent les savants divisés et retardent ceux qui ont un besoin immédiat de leur science. Quand je pense à cela, il me semble voir un malade attendre sur un lit de douleur le médecin qui doit le guérir, et qui en est réduit à aller étudier ce qu'il faut faire pour venir quand il ne sera plus temps. Les savants ne sont pas savants que pour eux, ils le sont avant tout pour les autres, ou sans cela leur science est inutile et vaine ; c'est une science égoïste. Les vrais savants doivent tendre à détruire un préjugé plus général qu'ils ne le croient : c'est qu'ils ont pour but d'embarrasser la science plutôt que l'éclairer, pour la rendre moins commune. Il y aura toujours trop d'aveugles dans chaque pays. On ne rendra jamais la lumière à un assez grand nombre. Mieux vaut conduire cent hommes voyant clair qu'un seul aveugle. C'est plus facile, plus agréable et plus utile pour les uns et pour les autres.

L'intelligence de nos élèves vaut bien la peine que l'on tranche ce *nœud gordien* de la science ; il suffit de le vouloir, tant c'est facile, sans le couper comme Alexandre, mais en le dénouant tout simplement. Les enfants de six ans peuvent s'en faire un amusement.

Le chemin de fer avec sa goutte d'eau réduite en vapeur, et à laquelle de vastes génies ne voulaient pas croire, n'a-t-il pas pris la place de nos anciennes et lourdes diligences pour satisfaire aux exigences du commerce et répandre la civilisation en rapprochant les nations. Le chemin de fer n'est que d'hier; c'est à peine si nous sommes accoutumés à le voir passer sans surprise, que déjà le monde n'est plus le même.

La lecture, sœur de la lumière et fille, comme elle, de l'imprimerie, n'a-t-elle pas aussi une tâche importante à remplir à notre époque surtout et plus que jamais. Laissons donc franchement nos anciennes et lourdes méthodes et n'arrêtons pas le véritable progrès. Pour répéter la célèbre parole de ce pieux et simple ermite conviant les peuples à la première croisade : « Dieu le veut. »

On a remarqué avec raison que les chemins de fer n'ont fait que changer des intérêts, placés plus utilement ailleurs, en augmentant le mouvement des affaires et le nombre des correspondances. Il en sera de même de l'enseignement de la lecture, considérée comme grande ligne scientifique, le nombre des instituteurs n'en diminuera pas, loin de là. Plus le besoin de savoir se fera sentir, plus le nombre des élèves augmentera, le nombre des livres suivra ce progrès nécessaire, car plus il y a de convives, plus il faut de vivres, et les livres sont les vivres de l'intelligence qui ne se nourrit pas de pain, mais d'une parole qui doit être la vérité. Les mensonges sont les poisons de ce festin. On ne peut trop faire pour les éviter.

Des esprits timorés et n'ayant pas une foi assez vive ont craint les mauvais livres (1). Il faut les craindre comme les accidents de chemins de fer, mais ne pas trembler outre mesure s'il en naît un nouveau et s'en rapporter à ceux qui ont mission pour les juger, comme aux ingénieurs du chemin. C'est une raison aussi pour donner son avis. L'opinion décidera. Le succès achèvera de prouver le reste. Mais, enfin, il faut bien chercher et l'on n'arrive pas sans étude dans cette belle mission de l'enseignement.

La mission de l'instituteur est du domaine de l'intelligence, elle ne date pas d'hier. Elle a pris naissance au berceau du genre humain devié de sa route et qu'il faut y ramener. Chaque père est l'instituteur-né de la famille. Le temps seul qui manque a donné naissance aux instituteurs spéciaux. L'instituteur, comme le prêtre, a un sacerdoce d'un ordre moins élevé, c'est vrai, mais qui n'a pas moins aussi sa rai-

(1) J'entends par mauvais livres non pas les livres immoraux, il faut les éviter, inutile de le dire ; du reste, ils ne sont pas ici en cause, puisqu'il s'agit d'élèves qui ne lisent encore ni les bons ni les mauvais. Je veux parler de ces livres d'une science douteuse, et qui perdent l'humanité au moins autant que les autres, si ce n'est pas plus, en faussant le jugement.

son d'être dans la croix même du Christ. Partis l'un et l'autre de la même source, ils ont passé par le calvaire pour venir à nous. L'instituteur doit donc accepter la bonne doctrine, la chercher, l'étudier et craindre l'erreur. Il serait bien à plaindre celui qui le prendrait autrement et qui n'y verrait qu'un métier. Où irait-il trouver la patience et le dévouement nécessaires que demande cette humble vie passée au milieu d'enfants qui ne comprennent pas assez l'importance de la tâche pour aimer le maître comme il le mérite.

L'instituteur n'a souvent pour témoins que Dieu et sa conscience, et ce Dieu et sa conscience lui disent sans cesse : Patience, reste dans la bonne voie, fais ce que j'ai fait, c'est pour cela que je t'ai envoyé. Je suis avec toi et pour toujours. Tu vaincras par le signe de la croix (1), véritable marque de ces croisés de la belle et pacifique croisade de la science, appelés à arracher des victimes à l'ignorance et à les voir tomber reconnaissantes à leurs genoux et à embrasser leurs mains libératrices.

Pour mon compte, je sens cette mission si belle que c'est un honneur pour moi que de lui venir en aide et d'en diminuer les ennuis pour en augmenter les succès.

Les classes sont la pépinière de la France qui les regarde. Donnons-lui donc des plants bien dressés, qui soient, pour l'avenir, une ombre bienfaisante sur le chemin de la civilisation et non une cause d'ennui encore plus par ignorance que par méchanceté et des arbres morts non-seulement inutiles, mais à charge à eux et aux autres.

Si ce n'était la crainte de mêler le sacré au profane et de paraître ne pas accorder au sacré tout le respect qui lui est dû, je dirais : La lumière luit dans les ténèbres de l'enseignement de la lecture et les ténèbres ne l'ont pas comprise, elle est venue en ce monde et les siens ne l'ont pas reçue; mais elle donnera aux hommes de bonne volonté qui la recevront la gloire de renouveler, par l'instruction, la face de la terre (2).

L'écriture est le corps de la parole et, dès que la lecture sera au niveau où elle doit être placée, on pourra dire la parole s'est fait chair, elle a habité parmi nous (3). Elle sera la

(1) In hoc signo vinces.
(2) Et renovabis faciem terræ.
(3) Et verbum caro factum est et habitavit in nobis.

lumière de tout homme de bonne volonté et la véritable directrice du genre humain.

Que nos élèves, enfants et adultes, apprennent d'abord à lire des mots et des phrases. Ils sauront lire après les phrases avec le ton voulu, ce qui constitue deux parties bien distinctes de l'enseignement de la lecture. Le bon sens en fera plus alors que toutes ces explications purement scientifiques. Ne parlent-ils pas bien ce qu'ils pensent? Ils sauront lire aussi ce qu'ils pourront penser.

> Ce qui se conçoit bien, s'énonce clairement,
> Et les mots, pour le *lire*, arrivent aisément.

Dans la première partie de cet opuscule, j'ai fait voir comment je procède, l'on suivra ma manière de faire si l'on veut, mais, je ne crains pas d'affirmer que c'est de la faute de nos méthodes de lecture si cet enseignement est si difficile. Les auteurs vont chercher bien loin ce qu'ils ont sous la main. Ils conduisent les élèves en aveugles et ils sont étonnés qu'ils ne voient rien. Ils côtoient d'autres sciences inutiles pour la lecture et ils craignent de s'éloigner de la routine, d'avancer au large et d'aller tout droit. C'est cependant en allant tout droit que Christophe Colomb a découvert l'Amérique avec ses riches pays, et c'est aussi en allant tout droit que l'on découvrira bien des régions scientifiques inconnues, et, surtout, que l'on peuplera ces pays de la science, *véritable terre promise* qui n'a pas assez d'habitants, pendant que l'intelligence meurt au désert de l'ignorance.

Si toutes les parties de l'enseignement demandent une étude sérieuse et préalable, la lecture ne fait pas exception, elle demande au contraire une étude plus profonde de la part du maître, afin d'être rendue le plus simple possible pour l'élève non-seulement capable, mais aussi pour le moins favorisé du côté de l'intelligence et de la fortune. Si les enfants riches ont le temps d'apprendre, ce qui n'est pas une raison pour fatiguer leur intelligence, les pauvres ne l'ont pas, ils oublient souvent l'été ce qu'ils apprennent l'hiver. Il faut craindre de les rendre à la famille et à la société non suffisamment instruits, ce qui serait un surcroît d'ennui pour l'une et pour l'autre.

C'est réellement une chose incompréhensible. Chacun dit :

L'enseignement de la lecture est ce qu'il y a de plus ingrat et, malgré cela, sans autre étude que celle de savoir lire, on se croit de poids à enseigner la lecture.

Ce n'est même pas parce que l'on est savant que l'on enseignera bien à lire : j'ai vu des hommes connus du monde entier, et j'en pourrais nommer, qui avouent n'y rien connaître pour apprécier une méthode de lecture, et à coup sûr, ils enseignent mieux sur les hautes régions de la science que s'ils étaient appelés à montrer à lire à des enfants de six ans.

Cependant plusieurs ont été frappés de ma théorie de lecture basée sur *trois sortes de syllabes* avec *trois couleurs*, parce que c'est *visible*, que c'est *vrai*, et *immédiatement saisissable*, en *théorie* et en *pratique*, pour l'ignorant comme pour le savant. Pour moi, je tiens plus à l'éloge de l'enfant qui me dit : *j'ai compris*, qu'à celui du savant obligé de réfléchir dans le silence de la science pour voir si la théorie est vraie. La raison en est que j'écris non pour ceux qui savent lire et qui ne sentent plus assez les difficultés, mais pour l'enfant qui les croit bien plus grandes qu'elles ne sont.

Je ne crains pas d'avouer qu'une fois il m'est arrivé au ministère de l'Instruction publique de dire à un homme fort remarquable que si l'on me donnait à examiner une méthode de lecture *sur une autre base que la mienne*, je refuserais de donner mon avis, parce que je serais obligé de déplaire à son auteur, en le blâmant et *en disant pourquoi*, ce que je ne voudrais pas, et, qu'aussi, rien au monde ne pourrait me forcer à dire, par flatterie, que ce que je crois *mauvais*, je dois le croire *bon*. Il vaut mieux, en effet, prendre l'intérêt général que l'intérêt d'un particulier; mieux vaut faire voir que l'on s'y connaît que de consentir à des mensonges pour paraître un *ignorant*, un *incapable* ou un *flatteur*. *Chacun pour soi*. Notre siècle est trop prodigue d'éloges non mérités. Pour mon compte, je dis tout simplement : Jugez mon œuvre, et laissez-là périr si elle ne peut être utile. Ne la protégez que si vous la trouvez bonne.

Nul homme ne sait tout, c'est vrai ; car, selon la parole du célèbre Bossuet, *Dieu seul est grand*. Pourquoi ? Parce que Dieu seul sait tout; mais enfin, on peut savoir quelque chose et avoir le désir légitime de le prouver.

Je ne tiens qu'à rester au dernier degré de l'échelle, où j'ambitionne l'honneur de servir mon pays : c'est bien permis ; c'est même pour cela que j'ose prendre la plume, qui ne se soutient entre mes faibles mains que comme l'épée dans celles d'un simple soldat, ignorant les hautes théories militaires, mais qui sent en son cœur l'honneur de la patrie comme le premier général venu. Je laisse à d'autres le soin de nous porter sur les hautes régions de la science. Je serai moi-même un élève soumis. Mais que l'on me permette, comme au plus simple passant, de donner mon avis sur le *sentier de la lecture*, pour arriver à ces savants. Je ne dirai plus rien alors, car :

Tel qui brille au second rang s'éclipse au premier.

S'il en était ainsi, on ne verrait plus des hommes capables se donner tant de peine pour créer des méthodes de lecture *trop savantes* et par cela même inutiles. Ils consacreraient mieux leurs talents à donner une nouvelle forme à l'enseignement préparatoire de la langue française, c'est-à-dire à la première partie de nos grammaires qui n'en parlent pas. C'est une lacune à combler. On regarde comme tranchée cette question utile dont nos meilleurs grammairiens disent à peine quelques mots au commencement de leurs ouvrages et pour y laisser glisser des erreurs.

Je ne sais si j'écrirai encore, je veux donc saisir l'occasion de cette brochure pour signaler au monde savant une de ces erreurs, selon moi, parce qu'elle est du domaine de *la lecture.*

Que l'on se trompe en histoire, c'est possible. La vie de l'homme est trés-limitée ; il voit à peine un peu du présent et rien du passé ; l'écrivain le plus impartial sera dans le vrai si les documents sont vrais, il sera dans le faux si les documents sont faux. En grammaire, il peut, presque toujours, en être autrement, les choses sont sous les yeux. Comment se fait-il que les grammairiens répètent, les uns après les autres, cette définition fausse ? *la lettre H est muette ou aspirée ;* il serait plus juste, je crois, de dire : *la lettre H, qui est presque toujours muette, permet ou empêche la liaison.* Prenons, par exemple, les deux mots : *homme* et *héros.* D'après nos grammairiens, dans le premier, H muet, dans le second, H aspiré. Si nous retranchons les H, les deux mots se prononcent absolument de la même manière ; on ne sent l'utilité des H que pour la liaison, s'il s'en trouve, afin de ne pas dire les *zéros*, comme on dit les hommes. Donc ici, H est muet dans les deux mots : dans le premier, *liaison*, dans le second, *pas liaison;* voilà tout. Si nous prenons maintenant le mot *chapeau*, la lettre H, dans ce mot, n'est *ni muette*, *ni aspirée*. Que sera-t-elle? Les savants ne nous le disent pas. Cependant, elle n'est pas muette ici, puisqu'*elle ajoute quelque chose d'indispensable à la prononciation;* sans cette lettre, notre mot fait capeau et non chapeau.

Je laisse ces réflexions pour ne pas m'écarter de mon sujet; il y aurait des choses très-curieuses à dire. A d'autres, plus autorisés que moi, le soin de le faire; pour moi, je ne veux qu'obéir, mais je voudrais bien n'être pas obligé d'enseigner des erreurs, ou de condamner comme maître, devant mes élèves, des hommes savants, que je regarde comme les miens.

Dans l'ordre intellectuel comme dans l'ordre matériel, il y a quelque chose qui n'est pas ou qui n'est plus à sa place pour être au niveau du progrès : il est bon de le changer; *je veux y contribuer pour ma faible part*. Alors l'intelligence, comme par une ligne bien tracée, ira d'un bout du monde à l'autre. Tout s'en ressentira, sciences, progrès, religion, en un mot tout ce qui peut contribuer non-seulement à établir de bonnes relations entre les hommes, mais même à replacer l'homme dans sa dignité première et à le rapprocher du véritable esprit qui est Dieu, l'auteur de toute science et le premier des auteurs. Les autres auteurs ne doivent prendre la plume que pour conduire les hommes dans la bonne voie. Ils sont en effet les véritables conducteurs, les vrais pasteurs du genre humain. Pour moi, je me trouverai très-honoré d'être sur le chemin *le simple cantonnier*, à qui n'en est pas moins confiée la sûreté des voyageurs, et qui reste là, sans ambition, comme pour dire dans son muet langage : *Avancez, la voie est sûre, il n'y a pas de danger*. Et quand je devrais rester inaperçu comme cet humble serviteur que l'on n'apprécie pas assez puisqu'on lui doit souvent la vie, bien qu'on le regarde à peine, je m'estimerais encore heureux d'avoir été utile. J'obéis à ma conscience et à Dieu.

Il y a des siècles plus ou moins grands, plus ou moins célèbres. Au nôtre est réservée cette noble tâche, pour qu'il soit appelé, plus tard, *le siècle du progrès scientifique*. Ne laissons pas à d'autres siècles la gloire de nous ravir ce beau nom, il en est temps encore.

Les chemins de fer et le télégraphe lui-même avec son

électricité n'en sont pas moins que des œuvres purement matérielles, qui ne peuvent sortir de la limite du monde physique, et à qui Dieu dit, comme à la mer, *vous n'irez pas plus loin.* La science, fille aînée de Dieu qui l'attend, nous demande une preuve de notre bonne volonté pour la laisser retourner jusqu'à lui par delà le monde, par delà l'immensité, elle ne sera bien que lorsqu'elle sera au sein de ce Dieu dont la vue lui a été momentanément ravie comme punition de la désobéissance des hommes qui voulaient tout *savoir* sans s'appuyer sur Dieu lui-même, l'unique soutien qui supporte cette ligne menant de lui jusqu'à nous. Formons-lui donc un noble cortége pour la laisser retourner le plus promptement possible à lui. Elle y trouvera son repos, nous y préparera le nôtre, dont le surcroît suffira pour faire le bonheur et la gloire de notre siècle, appelé alors à juste titre : *Le siècle de la science.*

L'homme ne sera véritablement grand que par la science ! Qu'est-ce que l'homme sans la science ? C'est un être qui ne peut saisir qu'à quelque pas de lui, qui ne peut voir qu'à une faible distance ; son intelligence est comme en prison, ses yeux sont comme aveuglés. L'homme qui a la science, au contraire, ne serait-ce que celle de la lecture, *le principe de toutes*, sentira alors qu'il est véritablement un être doué d'un corps et d'une âme, et tandis que par son corps, il sera en rapport nécessaire avec la matière, par son âme, éclairée, ne serait-ce que de la science de la lecture, il sera en rapport avec Dieu sans craindre la distance, en rapport avec les siècles passés, en rapport avec ses amis et ses proches éloignés, en rapport avec tout ce qui peut faire son bonheur. Il pourra éviter l'indiscrétion d'autrui pour gérer ses propres affaires. L'homme, en un mot, parvenu à la connaissance de la lecture, c'est l'homme rendu à la liberté, c'est l'intelligence sortie de prison et pouvant aller partout où la volonté dit : *allons !* c'est presque dire l'homme rendu à son état primitif, où la maladie ne devait pas avoir d'empire sur lui, car l'homme, fût-il même malade et paralysé, verra son intelligence, laissant, pour ainsi dire, ce corps maladif, traverser en lisant toutes les distances, et ne pouvant plus être séparé de l'objet de ses désirs par aucun obstacle matériel.

PARIS. — IMP. VICTOR GOUPY, RUE GARANCIÈRE, 5.

EN VENTE CHEZ LES MÊMES :

Un volume cartonné de 72 pages, avec introduction et questionnaire à l'usage des maîtres, et orné de leçons en couleurs en regard des pages noires, pour faciliter aux élèves la composition des mots au double point de vue de la lecture et de l'orthographe . . . . » fr. 50 c.

Quatre tableaux en couleurs et en feuilles 1 »

Les tableaux cartonnés . . . . 2 »

PARIS. — IMPR. DE VICTOR GOUPY, RUE GARANCIÈRE, 5

www.ingramcontent.com/pod-product-compliance
Lightning Source LLC
LaVergne TN
LVHW020257230826
846091LV00006B/2463

* 9 7 8 2 0 1 1 7 7 8 4 0 6 *